100 blagues!

Illustrations :
Dominique Pelletier

Compilation :
Julie Lavoie

Éditions
SCHOLASTIC

100 blagues! Et plus...
N° 21

Dépôt légal : 1er trimestre 2008

ISBN-10 0-545-98808-X
ISBN-13 978-0-545-98808-7
Imprimé au Canada

Éditions Scholastic
604, rue King Ouest
Toronto (Ontario)
M5V 1E1
www.scholastic.ca/editions

Plus besoin d'espions! Des scientifiques américains ont mis au point un insecte-robot de la taille d'une mouche. La minuscule machine pourrait bientôt servir pour faire de l'espionnage ou de la surveillance.

Mon premier est la 4e consonne de l'alphabet.

Mon deuxième est une note de musique.

Mon troisième est une syllabe du mot céleri qui n'est pas dans le mot rigole.

Mon tout fait disparaître.

QUEL EST LE JEU DÉTESTÉ DE TOUS LES ÉLÈVES?

RÉPONSE : LES ÉCHECS.

La longueur de tous les vaisseaux sanguins du corps humain mis bout à bout représente plus du double de la circonférence de la Terre à l'équateur.

Mon premier est l'élément dans lequel vivent les poissons.

Mon deuxième est une syllabe du mot tonitruant qui est aussi dans le mot motocyclette.

Mon troisième est une syllabe du mot flibustier qui est aussi dans le mot omnibus.

Mon tout est un véhicule.

QUEL EST LE TEST LE PLUS IMPORTANT POUR LES BULLETINS?

RÉPONSE : LE TEST DES PARENTS.

Une abeille produira une seule cuillère à thé de miel au cours de sa vie.

QU'EST-CE QUE LES ENFANTS USENT PLUS VITE QUE LES GENOUX DE LEURS PANTALONS?

RÉPONSE : LA PATIENCE DE LEURS ENSEIGNANTS.

Mon premier est le son que produisent les 2 premières lettres de l'alphabet.

Mon second est ce que fait ton nez.

Mon tout n'est pas là.

Un garçon raconte une histoire à son ami. Sa mère, qui l'entend, n'apprécie pas du tout son langage.

- As-tu appris tous ces vilains mots à l'école? demande-t-elle à son fils.

- Non, mais mon enseignante nous a donné une liste des mots à ne pas dire...

Une fillette dit à sa mère :

- Maman, je suis tellement contente du cadeau que tu m'as offert! Si contente! Contente, contente! Je ne trouve pas les mots pour te dire à quel point je suis contente...

- Eh bien! la prochaine fois, c'est un dictionnaire que je vais t'acheter comme cadeau...

Le chant de la cigale mâle
peut produire jusqu'à 100 décibels...
Il est possible de l'entendre
à 500 mètres de distance!

Un élève trouve l'excuse parfaite pour ne plus aller à l'école :

- Maman, je ne veux pas mourir, alors je ne veux plus aller à l'école.

- Qu'est-ce que tu racontes? Est-ce qu'on te menace?

- Non, mais j'ai lu dans le journal de ce matin qu'un homme s'était fait assassiner parce qu'il en savait trop!

À L'ÉCOLE, QUELLE EST LA QUESTION À LAQUELLE ON NE PEUT JAMAIS RÉPONDRE OUI?

RÉPONSE : DORMEZ-VOUS?

Les muscles constituent le tiers
du poids de ton corps...
et parfois plus!

Pour chaque tonne de papier recyclé, la vie de 17 arbres est épargnée ainsi que l'équivalent de 200 litres d'eau, qui sont nécessaires à la production du papier… Recyclez-vous?

Un habitant de Chicago de 22 ans a remporté le titre du plus gros mangeur d'huîtres lors d'un concours organisé à la Nouvelle-Orléans. Il en a avalé 35 douzaines en 8 minutes, soit 420 huîtres au total.

Le professeur de mathématiques demande à un élève :

- Combien font 6 et 6?

- C'est une partie nulle, monsieur! répond l'élève.

- Où est mort Napoléon? demande le prof d'histoire à ses élèves.

- À la page 56 du livre, monsieur! lance fièrement Sarah.

QUEL EST LE FRUIT LE PLUS PONCTUEL?

RÉPONSE : LA DATTE.

Mon premier est un instrument de musique à vent en spirale.

Mon deuxième est une céréale très prisée en Asie.

Mon troisième est la 5e consonne de l'alphabet.

Mon tout permet de vérifier tes réponses.

Le professeur de sciences demande à ses élèves :

- Quel astre est le plus utile : le soleil ou la lune?

- C'est la lune! répond Vincent. Le soleil brille pendant le jour alors qu'il fait déjà clair tandis que la lune nous éclaire pendant qu'il fait noir...

QU'EST-CE QUI EMBÊTE LE PLUS L'INSTRUCTEUR DE NATATION?

RÉPONSE : FAIRE COULER SES ÉLÈVES...

Un petit garçon turbulent, Patrick, revient à la maison après l'école. Le sourire aux lèvres, il raconte à sa mère :

– Maman, madame Julie m'a fait un compliment devant toute la classe aujourd'hui.

– Je suis fière de toi! Dis-moi ce que tu as fait, demande-t-elle.

– Rien du tout, mais elle a dit « Louis, tu es insupportable aujourd'hui! Je crois même que Patrick l'est moins que toi! »

Pour sensibiliser les gens à la quantité de déchets que nous produisons, un habitant de la Californie a conservé toutes ses ordures pendant une année dans son appartement. Des artistes vont bientôt transformer sa montagne de déchets en sculpture ...

Deux garçons trouvent un billet de 20 dollars dans la cour d'école. Ils imaginent un jeu pour déterminer qui gardera le billet, mais quelques minutes plus tard leur enseignante vient les voir.

- Que se passe-t-il? Pourquoi vous lancez-vous toutes ces insultes? Je croyais que vous étiez de grands amis...

- Nous sommes de grands amis! C'est que nous avons trouvé un billet de 20 dollars et c'est celui qui racontera le plus gros mensonge qui pourra le garder, explique l'un d'eux.

- Vous devriez avoir honte! Moi, quand j'avais votre âge, je ne savais même pas ce qu'était un mensonge! raconte l'enseignante.

- Vous venez de gagner, disent les garçons en lui tendant le billet de 20 dollars.

Le professeur demande à ses élèves de conjuguer le verbe « voler » à la première personne du présent et du futur.

L'un des élèves écrit :
Je vole. J'irai en prison.

COMBIEN Y A-T-IL DE PLANÈTES DANS L'ESPACE?

RÉPONSE : ELLES Y SONT TOUTES!

Le truc pour t'enlever une chanson de la tête, c'est de la chanter jusqu'au bout. Ton cerveau comprendra que tu as fini de la chanter. Et si tu ne connais pas tous les mots? Tant pis pour toi...

Deux aventuriers anglais ont voyagé en camion de Londres jusqu'à la ville de Tombouctou, au Mali, en Afrique, en utilisant du chocolat comme carburant. Pour parcourir le trajet de 7 200 km, il leur a fallu l'équivalent de 4 000 kg de chocolat, soit environ 80 000 barres de chocolat...

La prochaine aventure scientifique...
Un homme compte se rendre en Chine dans un avion en utilisant des déchets comme carburant.

POURQUOI UN ESCARGOT VOUDRAIT-IL S'INSCRIRE À L'UNIVERSITÉ?

RÉPONSE : POUR PROUVER QU'IL N'EST PAS UNE COQUILLE VIDE.

Mon premier est un préfixe de 3 lettres qui signifie avant.

Mon second est une syllabe du mot paysan qui est aussi dans mésentente.

Mon tout est là.

QUEL EST LE LÉGUME LE PLUS LOURD?

RÉPONSE : LE POIS.

Mon premier est une syllabe du mot trépasser qui est aussi dans le mot parenthèse.

Mon second est dans tes chaussures.

Mon tout est une matière recyclable que tu utilises beaucoup à l'école.

Une enseignante explique les temps des verbes à ses élèves.

- J'étais gentille est le passé. Je serai gentille est le futur. Alors si je dis « je suis gentille », qu'est-ce que c'est?

- Un gros mensonge! répond la classe en chœur.

QUE DIT L'ENSEIGNANT AU REQUIN-MARTEAU QUI S'ENDORT EN CLASSE?

RÉPONSE : ÇA ME DÉRANGE QUAND TU COGNES DES CLOUS...

Une jeune fille de la campagne se lève en retard et rate son autobus. Mais connaissant le trajet du conducteur, elle demande au fermier qui habite tout près :

- Monsieur, je sais que si je traverse votre champ en courant, je vais peut-être rattraper mon autobus. Est-ce que vous me permettez de passer?

- Bien sûr. Et je peux même te garantir que tu arriveras avant ton autobus!

- Pourquoi? demande la fillette.

- Quand tu verras mon taureau, je suis sûr que tu vas battre ton record de vitesse!

Les requins perdent beaucoup de dents en croquant des proies trop dures, mais chaque fois qu'il en tombe une, une autre s'avance pour la remplacer. En fait, au cours de sa vie, un requin peut perdre plus de 30 000 dents!

Le requin bleu a l'odorat tellement développé qu'il peut sentir une minuscule goutte de sang mélangée dans un million de gouttes d'eau...

Une petite Africaine arrive au Canada en plein mois de juin. On lui a parlé des hivers canadiens. Inquiète, elle s'informe auprès de son camarade de classe, le petit Luc :

- Je me demande comment on s'habille quand il fait très froid dehors.

- En vitesse, voyons!

QUELS SONT LES TROIS MOTS QUI CONTIENNENT LE PLUS DE LETTRES?

RÉPONSE : BUREAU DE POSTE.

Mon premier est l'abréviation de numéro.

Mon second est une consonne, mais lorsque tu la prononces, c'est aussi le nom d'une boisson.

Mon tout est ce que tu peux faire pour ne pas oublier...

••

Colin se fait prendre alors qu'il est en train de copier pendant un examen de français. Son enseignante lui dit :

- Comme punition, tu dois recopier cette phrase 100 fois à la maison, ce soir.

Le lendemain, Colin apporte sa feuille à l'enseignante. Après une minute, elle lui dit :

- Colin, tu n'as pas terminé! Tu as copié la phrase seulement 50 fois!

- Mais madame, c'est que je suis aussi nul en mathématiques...

Une jeune fille raconte à sa mère ce qu'elle a appris à l'école :

J'ai appris que très peu de gens comprenaient Einstein. Je me suis aussi rendu compte que, comme lui, personne ne me comprend... Est-ce que ça veut dire que moi aussi, je suis un génie?

QUELLE EST LA DIFFÉRENCE ENTRE UN ZÈBRE ET UN CAHIER?

RÉPONSE : IL N'Y EN A PAS. LES DEUX ONT DES LIGNES.

DANIELLE
LA BROQUERIE, MANITOBA

Des cellules de peaux mortes constituent plus de la moitié de la poussière dans ta maison.

Mon premier est l'endroit où les animaux broutent.

Mon second est le contraire de oui.

Mon tout est ce que tu utilises pour appeler tes amis.

••••••••••••••••••••••••••••••••••

L'enseignante rend les résultats d'un test.

- Madame, je ne méritais pas « 0 »!

- C'est vrai! Mais je ne pouvais pas descendre plus bas!

Un garçon dit à son père :

- Tu sais, papa, je me sens coupable de te voir travailler le soir et les fins de semaine dans ton bureau afin de payer mes études, alors que moi je passe mon temps devant la télévision.

- C'est une belle marque de gratitude ce que tu dis, mon fils.

- Ce n'est pas ce que je veux dire, reprend le garçon. En fait, j'aimerais juste que tu fermes la porte.

Une jeune fille qui veut être dispensée de son cours d'éducation physique dit à l'enseignant :

- Je ne peux pas faire d'exercice. J'ai un problème cardiaque au cœur...

- Un « problème cardiaque au cœur » est un pléonasme, jeune fille. Cela dit, il te faut un billet du médecin pour être dispensée du cours.

La jeune fille va voir le médecin et lui explique :

- Mon enseignant de gym m'a dit de venir vous voir car j'ai un pléonasme au cœur.

- Mais pour qui se prend cet enseignant? C'est à moi de faire le diagnostic!

Mon premier est le bébé de la vache.

Mon deuxième est la 11e lettre de l'alphabet.

Mon troisième est le participe passé du verbe boire.

Mon quatrième sert à la fabrication du fromage et du yogourt.

Mon cinquième est une syllabe du mot retourner qui est aussi dans le mot partenaire.

Mon tout comprend tous les mots de la langue.

L'école est finie et c'est le temps des camps d'été. Émilie a décidé de passer une semaine à la ferme pour apprendre à connaître les animaux. Lorsqu'elle arrive sur les lieux, la monitrice demande à la jeune fille :

- J'espère que tu aimes le règne animal… qui comprend le chat et le chien.

- Ouuuii…répond la fillette, hésitante. Maman dit toujours que je mange de tout…

- Comment tu t'appelles? demande l'enseignant à la petite fille turbulente assise au fond de la classe.

- Je m'appelle Patricia, répond la fillette lentement et bien fort.

- Si ce n'est pas Tricia, qu'est-ce que c'est? répète l'enseignant furieux...

COMBIEN FONT 7 ET 8 ?

RÉPONSE : 78

Au Moyen Âge, les alchimistes croyaient qu'ils pouvaient transformer le plomb en or. Ils n'ont jamais réussi... Mais ces savants, ressemblant davantage à des sorciers qu'à des scientifiques, ont tout de même développé des méthodes de travail qui ont ensuite été utilisées par les chimistes.

QUI A ÉTÉ LE PREMIER COLON EN NOUVELLE-FRANCE?

RÉPONSE : CHRISTOPHE BIEN SÛR!

QUEL JOUR DE LA SEMAINE DEVRAIT-ON COMMENCER UN DEVOIR IMPORTANT?

RÉPONSE : DEMAIN.

MAXINE
SUDBURY, ONTARIO

L'enseignante demande à Grégoire :

- Épelle le mot chat, s'il te plaît.

- C - h - a, répond fièrement l'élève.

- Presque... Peux-tu me dire ce qu'il y a à la fin?

- Mais tout le monde le sait! C'est une queue!

Mon premier est une petite prairie où les animaux vont brouter.

Mon deuxième place un cadeau sous ton oreiller quand tu perds une dent.

Mon troisième est la façon dont les élèves se placent pour monter dans l'autobus.

Mon quatrième est une syllabe du mot carapace qui est aussi dans le mot menace.

Mon tout est différent d'une personne à l'autre.

Travail d'équipe! Si une fourmi légionnaire marche sur une surface trouée, elle n'hésitera pas à « faire le pont » pour laisser passer les autres. Elle se laisse marcher dessus, ce qui permet d'accélérer le travail des autres...

QUEL ANIMAL A PLUS DE MÉMOIRE QUE TOI?

RÉPONSE : L'ÉLÉPHANT PARCE QUE LUI, IL EN A UNE...

POURQUOI LA PETITE FILLE SE SERT-ELLE D'UN CRAYON BLANC POUR FAIRE DES TROUS DANS SA DICTÉE?

RÉPONSE : ELLE PENSE QUE PERSONNE NE VA REMARQUER QU'ELLE A SOUVENT DES TROUS DE MÉMOIRE...

Les chats au poil pâle peuvent attraper des coups de soleil. Leur museau et la pointe de leurs oreilles sont particulièrement sensibles.

Le premier jour de classe, l'enseignante de la maternelle demande aux élèves de se présenter.

Un petit garçon se lève et lance bien fort :

- Je m'appelle Philippe... sans f.

- Excuse-moi, tu peux répéter? demande l'enseignante.

- Je m'appelle Philippe, sans f.

- Mais il n'y a pas de f dans Philippe...

- Est-ce que vous entendez bien? Je vous l'ai déjà dit deux fois!

Mon premier est le participe passé du verbe boire.

Mon deuxième est un article défini au masculin singulier.

Mon troisième est une plante aromatique utilisée en cuisine.

Mon tout est l'évaluation de tes efforts à l'école.

Un Chinois affirme que son escargot est âgé d'au moins 11 ans, ce qui est deux fois plus vieux que l'âge normal d'un escargot. Il s'occupe du mollusque depuis qu'il l'a trouvé sur le bord de la route en revenant de l'école. Il l'emmène même faire des promenades en le tenant dans le creux de sa main.

À la récréation, le petit Jean s'apprête à prendre un ver de terre dans ses mains. Son enseignante intervient :

- Jean, tout ce qui est à terre reste à terre, d'accord?

- Oui madame, répond sagement le garçon.

La pluie commence à tomber et tous les enfants courent vite se mettre à l'abri. L'enseignante tente aussi de se dépêcher, mais elle glisse dans la boue et bang! elle tombe sur les genoux.

- Jean, tu peux venir m'aider, s'il te plaît? demande-t-elle.

- Madame, tout ce qui est à terre reste à terre! répond le petit Jean.

MATHIEU
LÉVIS, QUÉBEC

- Qu'est-ce qui te permet de voir? demande l'enseignante au petit Philippe.
- Mes yeux, mes oreilles et mon nez, répond fièrement Philippe.
- Vrai pour les yeux, mais pourquoi les oreilles et le nez? demande l'enseignante.
- C'est pour tenir mes lunettes!

Un enseignant découragé dit à un élève :

- J'espère que tu écoutes un peu!

- Je ne peux pas faire mieux, monsieur! J'écoute le moins que je peux! répond le garçon.

•••••••••••••••••••••••••••••••••••

Un enseignant demande à un garçon :

- Pourquoi ne réponds-tu jamais à mes questions?

- Monsieur, si je pouvais répondre à toutes vos questions, je n'aurais rien à faire ici! s'exclame le garçon.

Mon premier tient le drapeau.

Mon deuxième est une syllabe du mot matinée qui est aussi dans le mot pertinent.

Mon troisième est ce que tu mets dans les pneus de ta bicyclette.

Mon tout est un sujet.

En Floride, une femme a eu la surprise de sa vie en voyant un alligator de 3 m qui s'était introduit dans sa maison en pleine nuit. L'animal avait défoncé une porte, avant de traverser le salon et la salle à manger. Quand la femme l'a aperçu, il était rendu dans sa cuisine. Il avait peut-être une petite faim...

Le cône de crème glacée a été inventé par hasard en 1904, à St. Louis, aux États-Unis. Un vendeur de glace était à court de récipients. Un pâtissier voisin a offert de rouler des fines gaufres en forme de cônes pour servir les glaces.

Comme devoir, un enseignant demande à ses élèves de trouver où est le Portugal. Grégoire arrive à la maison et demande à son père :

- Papa, peux-tu me dire où est le Portugal?

- Non, mais ça ne doit pas être bien loin. Il y a des gens qui viennent de là à mon travail et ils rentrent toujours à pied à la maison.

••••••••••••••••••••••••••••••••••

Mon premier est un métal précieux.

Mon deuxième est ce que tu fais lorsque tu remets de l'argent ou des vêtements à un organisme de charité.

Mon troisième peut être petit, gros, large, droit ou crochu... pour les sorcières.

Mon tout est l'état dans lequel les parents aimeraient que soit la chambre de leurs enfants.

Une seule paire de chaussures suffit mesdames! Une compagnie américaine a inventé des chaussures aux talons rétractables. Grâce à un mécanisme simple, les talons de 8 cm de haut peuvent passer à 3 cm, un peu plus pratique pour la marche...

Lola revient de l'école avec son premier bulletin. Elle le présente fièrement à ses parents, qui ne se laissent pas impressionner facilement...

- Lola, tu as eu des B-, des B+ et des B. Pourquoi pas des A? l'interroge son père.

- *C'est parce que... C'est qu'il n'en restait plus. C'est Chloé qui a pris tous les A...* explique Lola pour se justifier.

Un petit garçon dit à son père :

- Papa, moi quand je serai grand, je vais conduire de grosses voitures neuves...

- Très bien mon garçon, je vois que tu as de l'ambition. Il te faudra aller à l'école longtemps et avoir un travail important. C'est dispendieux de conduire des grosses voitures, explique le père.

- Tu te trompes! réplique le garçon. Des bonnes manières et un permis de conduire me suffiront. Je pourrai travailler au stationnement d'un hôtel chic... Comme ça, je pourrai stationner et aller chercher les grosses voitures des gens riches.

Poisson humain. Une Canadienne adepte de la plongée libre peut retenir sa respiration pendant plus de 6 minutes sous l'eau.

Mon premier est la note que tu obtiens quand tu fais un excellent travail.

Mon deuxième est le contraire de maigre.

Mon troisième laisse de la monnaie sous les oreillers des enfants qui perdent des dents.

Mon tout est le fait d'attacher des feuilles ensemble.

••••••••••••••••••••••••••••••••••••

Mon premier est le contraire de vite.

Mon deuxième est un mot court pour dire garçon.

Mon troisième est un pronom personnel à la 1re personne du singulier.

Mon tout concerne l'expression orale.

L'enseignante demande à Josée :

- Épelle le mot gâteau, s'il te plaît.

- G – a – t – e – a –u, répond la jeune fille.

- Bravo! Mais il manque un petit quelque chose. Laisse-moi te donner un indice : ce qui manque est dessus...

- Je l'ai trouvé! Il manque les chandelles! s'exclame Josée.

QUEL EST LE MOT LE PLUS LONG DE LA LANGUE FRANÇAISE?

RÉPONSE : ÉLASTIQUE.

POURQUOI GUSTAVE N'EFFACE-T-IL JAMAIS QUAND IL FAIT UNE ERREUR?

RÉPONSE : ON LUI A DIT QUE LA GOMME ÉTAIT INTERDITE À L'ÉCOLE.

L'estomac de l'homme est environ de la taille de son poing. Il peut par contre se distendre 20 fois plus...

POURQUOI L'ENSEIGNANTE PORTE-T-ELLE DES LUNETTES DE SOLEIL EN CLASSE?

RÉPONSE : SES ÉLÈVES SONT TROP BRILLANTS.

Mon premier est la 2e syllabe lorsque tu imites le braiement de l'âne.

Mon deuxième est ce que tu traces pour relier 2 ensembles.

Mon troisième a 6 côtés et se trouve dans plusieurs jeux de société.

Mon tout est signe d'une bonne collaboration.

Un professeur de biologie demande à ses élèves :

- Qu'est-ce qui envoie les informations au cerveau?

- La télé, répond Jeannot. Elle les envoie tous les soirs à 22 heures.

••••••••••••••••••••••••••••••••••

Tu coupes une pizza en 3 morceaux égaux. Tu manges ensuite le quart de la pizza. Combien te reste-t-il de pointes?

Réponse : Aucune, car la pizza était carrée...

Les hamsters peuvent mettre dans leur bouche une quantité de nourriture équivalente à 2 fois la grosseur de leur tête.

Le prof de mathématiques questionne Nathalie :

- Tu as une pièce de 2 $ et tu demandes un billet de 5 $ à ta mère. Ensuite, tu dépenses 1 $. Combien te reste-t-il de dollars?

- Il me reste 1 $, répond Nathalie.

- Mais non, tu as oublié d'ajouter les dollars que ta mère t'a donnés, explique le prof.

- Si vous connaissiez ma mère, reprend Nathalie, vous sauriez qu'elle ne m'a pas donné les 5 $!

La plus longue planche à roulettes au monde mesure 9,17 m de long!

En revenant de son premier jour d'école, une petite fille raconte à son père :

- Papa, je ne sais pas pourquoi madame Cécile est enseignante. Elle ne connaît rien aux animaux! Elle ne sait même pas ce qu'est une tortue.

- Ça alors! Je crois que tu exagères un peu, répond le père.

- Pas du tout! Mélanie, l'élève à côté de moi, a dessiné une vache et madame Cécile a dit que c'était un cheval... Antoine, lui, a dessiné un mouton et elle a dit que c'était un chat! Tu vois que j'ai raison!

Un professeur explique à ses étudiants qu'il a hésité longtemps entre la carrière de prof et celle d'humoriste.

- Oui, et vous vous êtes trompé! lance un étudiant.

POURQUOI ÉMILIE NE SE LAVE-T-ELLE PAS PENDANT LES VACANCES D'ÉTÉ?

RÉPONSE : ELLE PREND TOUS LES JOURS DES BAINS DE SOLEIL...

L'enseignant demande à un élève turbulent de se mettre au bout de la file.

– Je vais te le répéter une dernière fois : « Va te mettre au bout de la file. »

– Monsieur, je veux bien mais il y a déjà quelqu'un! dit l'élève.

POURQUOI LES ÉLÈVES NE COPIENT PAS LES HOMARDS?

RÉPONSE : ILS ONT TROP PEUR DE SE FAIRE PINCER.

Les araignées femelles sont généralement plus puissantes, plus grandes et plus lourdes que les mâles. Certaines espèces peuvent peser jusqu'à 100 fois plus que les araignées mâles.

Le professeur d'écologie questionne ses élèves :

- Nommez-moi un oiseau qui ne construit pas son propre nid?

- Le coucou, répond Pascal en levant la main.

- Magnifique! Comment le sais-tu? demande le professeur.

- Tout le monde sait que le coucou vit dans l'horloge...

- Je ne comprends pas la vie! dit Jasmine à Marco, en sortant de l'école.

- Pourquoi? demande Marco.

- Quand on est petit, nos parents nous apprennent à marcher et à parler. Dès qu'on arrive à l'école, il faut faire le contraire : s'asseoir et se taire!

Mon premier est la somme de 7 et 3.

Mon deuxième est ce que tu peux ressentir avant de parler en public.

Mon troisième est le verbe scier à la première personne du pluriel, conjugué au présent.

Mon tout t'empêche d'écouter.

Dans l'Égypte ancienne,
on dressait des singes pour faire
tomber les fruits des arbres.

Mon premier est la plus grosse partie de l'arbre.

Mon second est le contraire de mauvaise.

Mon tout permet de retenir des feuilles ensemble.

••••••••••••••••••••••••••••••••••••

Deux fillettes discutent à la récréation.

- Notre enseignante se parle à elle-même... Est-ce que la tienne le fait aussi?

- Oui et elle ne s'en rend pas compte. Elle pense qu'on l'écoute...

C'est le jour de l'inscription à l'école. Une maman entre en tenant sa petite fille par la main.

- Ma fille est douée, je vous le dis. Elle a 4 ans et elle peut épeler son nom à l'envers...

- C'est extraordinaire! commente la directrice de l'école. Comment t'appelles-tu? demande-t-elle à la fillette.

- Je m'appelle Anna! répond la fillette.

Drôle de poisson... L'anguille n'est pas une très bonne nageuse et elle peut vivre longtemps hors de l'eau car elle peut respirer par la peau. Il lui arrive de ramper un peu comme le ferait un reptile pour franchir un obstacle.

Émilie est enfin en première année. Le premier jour d'école, son enseignant lui demande :

- Tu as 4 cerises et je t'en donne 3 autres. Combien ça te fait de cerises en tout?

- Je ne sais pas, répond Émilie.

- Comment tu ne sais pas? Tu n'as rien appris en maternelle? s'indigne l'enseignant.

- C'est qu'en maternelle, on comptait les pommes, pas les cerises...

Les flocons de maïs, mieux connus sous le nom de « corn-flakes » ont été inventés par les frères Kellogg en 1894, qui voulaient proposer une alternative saine au bacon et aux saucisses au déjeuner. Il existe aujourd'hui des dizaines de sortes de céréales et on ne les mange plus nécessairement pour être en bonne santé... Il faut plutôt être en santé pour les manger!

POURQUOI LE CONCIERGE NE RÉAGIT-IL PAS LORSQUE LES ÉLÈVES FONT DES DÉGÂTS À LA CAFÉTÉRIA?

RÉPONSE : IL PRÉFÈRE PASSER L'ÉPONGE.

À la remise des bulletins, l'enseignante dit à l'élève :

- Oscar, si tu continues comme ça, tu donneras des cheveux gris à ton père...

Le petit Oscar monte sur une chaise et éclate de rire.

- Tu devrais avoir honte! Qu'est-ce qu'il y a de drôle? lance l'enseignante, découragée.

- Mon père est chauve!

En Allemagne, un cambrioleur a joué de malchance lorsqu'il s'est rendu à la banque pour vendre la collection de pièces de monnaie, volée quelques jours plus tôt. Il n'avait pas prévu que le propriétaire de la magnifique collection était un employé de la banque...

Après avoir fait leur dictée, deux amies discutent à la récréation.

- Dis-moi Juliette, comment as-tu trouvé la dictée?

- Trop difficile... J'ai remis une feuille blanche.

- Moi aussi! On va avoir des ennuis...La maîtresse va sûrement dire qu'on a copié!

Mon premier est la partie matérielle d'une personne ou d'un animal.

Mon deuxième est ce que tu fais quand c'est drôle.

Mon troisième est ce que tu fais dans ton lit.

Tu passes dans mon tout pour te rendre à ta classe.

Au temps des premiers Romains, seul l'empereur avait le droit de s'habiller entièrement en violet.

En remettant les rédactions aux élèves, l'enseignante dit :

- Maxime, ta rédaction sur ton animal de compagnie est pareille à celle de ta grande sœur.

- C'est normal, madame. Nous avons le même animal de compagnie...

Un homme rencontre ses nouveaux voisins et se présente :

- Bonjour, je m'appelle Yvan Leblanc et je gagne ma vie en réparant les erreurs des autres...

- Mais que faites-vous au juste?

- Je vends du liquide correcteur et des gommes à effacer.

Les bouteilles de plastique jetées dans la nature peuvent prendre plus de 800 ans à se décomposer. Très résistantes, elles risquent d'être intactes lorsque les archéologues de demain les déterreront...

Monsieur André demande à Sophie de lui composer une phrase avec un adverbe. L'élève réfléchit un instant avant de dire bien fort :

- Monsieur André est incontestablement le meilleur enseignant de toute notre école!

- Magnifique! Peux-tu maintenant m'indiquer la relation entre le verbe et l'adverbe dans ta phrase?

- Sans l'adverbe incontestablement, j'aurais peut-être eu une bonne note. En l'ajoutant, j'ai plus de chances d'avoir un A, du moins, je le pense...

- Maman, il ne faut pas t'inquiéter pour mon avenir, lance Éric, un adolescent rêveur. J'ai décidé de faire des démarches pour rencontrer la présidente d'une grande entreprise...

- Enfin! Tu as décidé de faire quelque chose. Le monde des affaires est rempli de possibilités. En attendant, il te faudrait peut-être délaisser un peu ton piano et ta guitare pour te concentrer un peu plus sur tes études, propose sa mère.

- Au contraire! Je n'ai besoin que de ma musique pour arriver à séduire une riche présidente d'entreprise...

Un ours grizzli peut courir aussi vite qu'un cheval.

Qui a dit que c'était le temps des framboises? Si le grizzli est passé, il n'en reste peut-être plus... Il peut manger 50 000 baies sauvages en une seule journée!

La bibliothécaire dit à l'élève :

- Ce livre fera la moitié du travail pour toi.

- Je le prends, mais en avez-vous un 2e exemplaire?

Mon premier est le contraire de mouillé.

Mon deuxième est la consonne entre p et r.

Mon troisième est le participe passé du verbe rire.

Mon quatrième est la consonne entre s et v.

Mon tout permet d'éviter les accidents.

Le cerf de Virginie peut faire des bonds de plus de deux mètres et demi de hauteur. Il peut aussi faire des sauts de neuf mètres de longueur, ce qui est presque aussi long qu'un autobus scolaire.

À Toronto, une maison a été mise en vente au prix de 1 $, mais le vendeur n'avait aucune intention de la vendre à ce prix. Elle s'est finalement vendue en 16 jours pour près de... 1 million de $.

Mon premier est une syllabe du mot respirer qui n'est pas dans transpirer.

Mon second est le contraire de guerre.

De mon tout découle l'harmonie.

••••••••••••••••••••••••••••••••••••••

Mon premier est une syllabe du mot réveille qui n'est pas dans merveille.

Mon deuxième sent mauvais et peut faire du bruit...

Mon troisième est une boisson chaude ou glacée.

Ton enseignant fait souvent mon tout.

- J'espère que je ne t'ai pas vu en train de copier sur Alain! lance l'enseignant à René.

- J'espère aussi que vous ne m'avez pas vu!

QU'EST-CE QUE LA CALCULATRICE DIT À L'ÉLÈVE?

RÉPONSE : TU PEUX COMPTER SUR MOI!

Le professeur de maths demande à Céline :

- Si tu divises 2483 en 3, que tu ajoutes 154 et que tu multiplies par 6, qu'obtiendras-tu?

- La mauvaise réponse, c'est sûr!

Le professeur de sciences demande à ses élèves :

- Qu'est-ce qui voyage le plus vite, le chaud ou le froid?

Une fillette lève la main :

- Monsieur, on peut attraper froid, alors la réponse est chaud!

Une société américaine tente de mettre au point une sorte de gazon qui pousse au ralenti.

Pour sa part, une société italienne a mis au point une « robotondeuse » qui tond le gazon toute seule!

Une mère explique à son garçon que sa sœur fréquentera bientôt une école privée, seulement pour les filles. Le lendemain, le garçon explique à son ami :

- Ma sœur va fréquenter une école privée de garçons....

QUELLE EST LA DÉFINITION DE SYNONYME?

RÉPONSE : C'EST UN MOT QUE L'ON ÉCRIT À LA PLACE DE CELUI QU'ON NE SAIT PAS ORTHOGRAPHIER...

Henri et Alex s'installent au salon pour regarder une partie de basket-ball à la télé.

- Je peux te dire le pointage avant que la partie commence, lance Henri.

- Tu sais que c'est impossible... répond Alex.

- C'est 0 à 0! Tu vois que c'est possible!

••••••••••••••••••••••••••••••••••••

- Papa, je ne savais pas que nos voisins étaient si pauvres, dit Alice.

- Ils ne sont pas si pauvres, répond le père. Pourquoi dis-tu cela?

- Ils sont en train de crier après leur chien juste parce qu'il a avalé une pièce de 2 dollars...

Après s'être fait tatoué le corps dans tous ses recoins, un homme a décidé de recommencer en se faisant couvrir à 100 % d'encre noire! Il s'est ensuite fait faire de nouveaux tatouages blancs sur lesquels il a fait ajouter un peu de couleur...

Fais-nous rire!

Envoie-nous ta meilleure blague.
Qui sait? Elle pourrait être publiée dans
un prochain numéro des
100 BLAGUES! ET PLUS...

100 Blagues! Et plus...
Éditions Scholastic
604, rue King Ouest
Toronto (Ontario)
M5V 1E1

Au plaisir de te lire!

Nous nous réservons le droit de réviser,
de modifier, de publier ou d'utiliser
les blagues à d'autres fins, dont la promotion,
sans autre avis ou compensation.

Solutions

CHARADES

Page 4 ....Effacer
Page 6 ....Autobus
Page 8 ....Absent
Page 17 ....Corrigé
Page 26 ....Présent
Page 27 ....Papier
Page 33 ....Noter
Page 36 ....Prénom
Page 39 ....Vocabulaire
Page 45 ....Préférence
Page 50 ....Bulletin
Page 55 ....Matière
Page 58 ....Ordonné
Page 63 ....Agrafer
Page 63 ....Langage
Page 67 ....Entraider
Page 78 ....Distraction
Page 80 ....Trombone
Page 88 ....Corridor
Page 96 ....Sécurité
Page 99 ....Respect
Page 99 ....Répéter

Printed in Italy
AGAM - Cuneo
1994

The Mystery of Faith

Christ, being in the form of God, did not make it his ambition to be treated as God, but emptied himself, and took the form of a servant. He was born in the manner of men, and wearing the appearance of man, he humbled himself, and was obedient unto death, even to death on a cross. Therefore God exalted him greatly, and bestowed on him the name that is above all names, so that in the name of Jesus every knee shall bend, in heaven, on earth, and under the earth, and every tongue shall acclaim Jesus Christ as Lord, to the glory of God his Father.

(*From the Letter of St Paul to the Philippians*)